Au Secours de Bébé Baleine !

D'après le scénario de l'épisode TV

écrit par Chris Gifford et Valerie Walsh

Adaptation : Justin Spelvin

Illustration : Ron Zalme

Adaptation française :

Lise Boëll, Marie-Céline Moulhiac et Luc Doligez

Albin Michel

D'après la série télévisée *Go Diego!*

Publication originale Simon Spotlight / USA 2006,
une marque de Simon & Schuster Childrens Division, New York

Traduction française :

22 rue Huyghens, 75014 Paris
www.albin-michel.fr
ISBN 978-2-226-17629-5
Achevé d'imprimer en Italie
Dépôt légal : mars 2007

Hello! Je suis Diego, le cousin de Dora ! Tu sais, le sauveteur d'animaux ! Oh, oh ! On dirait qu'un animal a besoin d'aide.

Découvrons ensemble qui a besoin de nous ! Clic l'appareil photo peut nous aider. Dis « Clic ! » Il a pris quatre animaux en photo. Le cri de l'animal qui a besoin de nous est « Aoo Ahh ! Aoo Ahh ! ». Peux-tu m'aider à le trouver ?

Quel animal fait « Aoo Ahh ! » ?

Yes! La baleine à bosse ! On l'appelle ainsi car lorsqu'elle plonge sous l'eau, une bosse se forme sur son dos. Regarde ! Bébé Baleine est coincé tout seul sur une île rocheuse. Nous devons le sauver et le ramener à sa maman ! *To the rescue, my friends!* Venons-lui en aide, mes amis !

Il faut traverser la forêt sans nous emmêler dans les lianes.
Courbons le dos comme les baleines à bosse pour passer sous les lianes.
Attention aux araignées et aux serpents !

Great! Formidable ! Maintenant, prévenons Bébé Baleine que nous arrivons. Appelle-le avec moi ! « Aoo Ahh ! Aoo Ahh ! » Encore une fois ! Oh regarde, il y a trois chemins ! Lequel peut nous mener à la plage ? Est-ce le chemin de la forêt, de la montagne ou de l'océan ?

Océan

Bien trouvé ! C'est le chemin qui mène vers l'océan ! Nous y sommes presque. Mais nous ne pouvons pas marcher sur les dunes car elles protègent la plage. Nous avons besoin de quelque chose pour voler au-dessus d'elles. Demandons à Sac de secours de nous aider.
Dis « *Activate!* »

De quoi avons-nous besoin pour voler
au-dessus des dunes ?

Une montgolfière ! *Perfect!* Oh, non ! Voilà les Frères Bobos.
Ces petits singes font toujours des bêtises. S'ils continuent à sauter
sur notre montgolfière, nous n'arriverons jamais jusqu'à Bébé Baleine !

Pour arrêter les Bobos, tape trois fois dans tes mains en disant « 1, 2, 3, statue ! ».

Attention, des méduses géantes ! Elles peuvent nous piquer. J'ai une idée ! Demandons à mon amie Tuga la tortue de nous porter sur son dos pour traverser l'océan. Les méduses ont peur des tortues de mer.

Tuga parle anglais. Pour dire à Tuga que nous devons nager, dis « *swim!* » Oh, non ! Nous sommes poursuivis par des requins ! Vite, dis « *swim!* » pour que Tuga nage plus vite. « *Swim! Swim!* »

Ouf, nous sommes arrivés à temps ! Bébé Baleine doit vite retourner dans l'eau. Nous ne pouvons pas le soulever, mais peut-être qu'une grosse vague le pourrait.

Les baleines à bosse font de très grosses vagues quand elles frappent l'eau avec leur queue. Appelons la famille de Bébé Baleine pour qu'elle nous aide à faire de très grosses vagues. Dis « Aoo Ahh ! Aoo Ahh ! »

Fantastique !

Cette grande vague ramène Bébé Baleine près de sa maman !

We did it! C'est gagné ! Bébé Baleine a retrouvé sa famille. *Rescue complete!* Opération de sauvetage réussie ! Tu es un super sauveteur d'animaux !

Le savais-tu ?

Joli tour !

La baleine à bosse est une vraie acrobate. Elle saute entièrement hors de l'eau et atterrit sur le dos, en faisant de formidables vagues.

Un si petit appétit !

Même si elle est gigantesque, la baleine à bosse ne mange que des petits poissons, des plantes et des animaux minuscules.

Très grandes et très fortes !

La plupart des baleines à bosse adultes mesurent environ 12 mètres de long. C'est à peu près la taille d'un autobus !

Quelle douce musique !

Les baleines à bosse mâles communiquent avec les femelles en chantant.

Hop, sur la balance !

Une baleine à bosse adulte pèse à peu près autant que 4 éléphants.